D1331481

ALBERTO CORAZON
EDITOR

QUE TRATA DE ESPAÑA

Primera parte

Segunda parte

BLAS DE OTERO

QUE TRATA DE ESPAÑA

VISOR MADRID 1977

VOLUMEN LXXVIII DE LA COLECCION VISOR DE POESIA

Primera edición: París, 1964
Segunda edición: La Habana, 1964
Tercera edición: Madrid, 1977

VISOR. Alberto Corazón Editor
Roble, 22. Madrid-20
I.S.B.N. 84-7053-176-X
Depósito legal: M. 19.753-1977
Impreso en España
Talleres Gráficos Montaña
Avda. Pedro Díez, 3. Madrid

ESPAÑA,
patria de piedra y sol y líneas
de lluvia liviana
(orvallo, sirimiri, de Galicia,
Asturias, Vascongadas:
mi imborrable lluvia en cursiva),
desesperada
España, camisa
limpia de mi esperanza
y mi palabra viva,
estéril, paridora, rama
agraz y raíz
del pueblo: sola y soterraña
y decisiva
patria.

Comienza el Libro IV [MCMLIX-MCMLXIII] de la obra llamada *Que trata de España,* realizada dentro y fuera de esta patria, dirigida por y a la inmensa mayoría.

Este es el libro. Ved. En vuestras manos
tenéis España. Dicen que la dejo
malparada. No es culpa del espejo.
Que juzguen los que viven por sus manos.

Escrito está con nombres castellanos,
llanto andaluz, reciente, y algún viejo
trozo de historia: todo con un dejo
vasco, corto en palabras.

Ved, oíd.
Preguntad quién calumnia a quién. Quién vive
de espaldas a la luz. No sé. Decid

quién encendió la paz frente al nazismo
incendiario. Quién hace, quién escribe
la historia de mañana desde hoy mismo.

Libro, perdóname. Te hice pedazos,
chocaste con mi patria, manejada
por conductores torvos: cruz y espada
frenándola, ¡gran dios, y qué frenazos!

Mutilaron tus líneas como brazos
abiertos en la página: tachada
por el hacha de un neotorquemada
¡gran dios, graves hachazos!

Libro, devuelve el mal que nos han hecho.
Ancho es el mundo. Como el arte. Largo
el porvenir. Perdona la tristeza,

libro, de darte nueva patria y techo.
Español es el verso que te encargo
airear, airear. Te escucho. Empieza.

Capítulo I

EL FORZADO

El mar
alrededor de España,
verde
Cantábrico,
azul Mediterráneo,
mar aitana de Cádiz,
olas lindando
con la desdicha,
mi verso
se queja al duro son
del remo y de la cadena,
mar niña
de la Concha,
amarga mar de Málaga,
borrad
los años fratricidas,
unid
en una sola ola
las soledades de los españoles.

Perdurando

He vivido
caminando
y hablando en los papeles,
pasé
de Bilbao a Madrid,
Herrera de Pisuerga,
Zamora
Nules,
París,
Málaga, Barcelona,
Zamora,

y otros pueblos distantes
que vi pisé palpé
dejando y arrastrando
trozos de tela, vida,
palabra,
presencias y memoria
perdidas para siempre,
perdurando
por siempre en el papel,
los hombres y el mañana.

Por venir

Madre y madrastra mía,
España miserable
y hermosa. Si repaso
con los ojos tu ayer, salta la sangre
fratricida, el desdén
idiota ante la ciencia,
el progreso.
    Silencio,
laderas de la sierra
Aitana,
rumor del Duero rodeándome,
márgenes lentas del Carrión,
bella y doliente patria,
mis años
por ti fueron quemándose, mi incierta
adolescencia, mi grave juventud,
la madurez andante de mis horas,
toda
mi vida o muerte en ti fue derramada
a fin de que tus días
por venir
rasguen la sombra que abatió tu rostro.

Heroica y sombría

De haber nacido, haber
nacido en otro sitio;
por ejemplo, en Santiago
de Cuba mismo.

De haber nacido, haber
nacido en otra España;
sobre todo,
la España de mañana.

De haber nacido, haber
nacido donde estoy:
en la España sombría
y heroica de hoy.

Lejos

Cuánto Bilbao en la memoria. Días
colegiales. Atardeceres grises,
lluviosos. Reprimidas alegrías,
furtivo cine, cacahuey, anises.

Alta terraza, procesión de jueves
santo, de viernes santo, santo, santo.
Por Pagasarri las últimas nieves
y por Archanda helechos hechos llanto.

Vieja Bilbao, antigua plaza Nueva,
Barrencalle Barrena, soportales
junto al Nervión: mi villa despiadada

y beata. (La virgen de la Cueva,
que llueva, llueva, llueva.) Barrizales
del alma niña y tierna y destrozada.

Orozco

Heuskara, ialgi adi kanpora! Heuskara.
habil mundu guzira!

Etxepare'k

Gazte-sail Kementsua goraño ba-dadi,
izozpetik eguzkik yare dik Euzkadi!

Lizardi: Biotz-Begietan

El valle
se tendía al pie del Gorbea,
daba la vuelta alrededor
de Santa Marina,
ascendía
hacia Barambio, doblaba
hasta la línea del ferrocarril
en Llodio,
valle delineado por la lluvia
incesante, liviana,
dando molde, en el lodo,
a las lentas ruedas de las carretas
tiradas por rojos bueyes,
tras la blusa negra o rayada
del aldeano con boina,
pequeña patria mía,
cielo de nata
sobre los verdes helechos,
la hirsuta zarzamora,
el grave roble, los castaños
de fruncida sombra,
las rápidas laderas de pinares.

He aquí el puente
junto a la plaza del Ayuntamiento;
piedras del río
que mis pies treceañeros
traspusieron, frontón
en que tendí, diariamente, los músculos
de muchacho,
aires de mis campos
y son del tamboril,
                              atardeceres
en las tradicionales romerías
de Ibarra, Murueta,
Luyando, mediodía
en el huerto
de la abuela,
luz de agosto irisando los cerezos,
pintando los manzanos, puliendo
el fresco peral,
patria mía pequeña,
escribo junto al Kremlin,
retengo las lágrimas y, por todo
lo que he sufrido y vivido,
soy feliz.

1923

Llueve en Bilbao y llueve, llueve, llueve
livianamente, emborronando el aire,
las oscuras fachadas y las débiles
lomas de Archanda, mansamente llueve

sobre mi infancia colegial e inerme
(jugando con los chicos de la calle
reconcentrada y tímidamente).
Por Pagasarri trepan los pinares.

Llueve en la noche triste de noviembre,
el viento roza y moja los cristales,
y, entresoñando, escucho... Llueve, llueve

en mi villa de olvido memorable
—*mademoiselle* Isabel—, pálida frente
de niño absorto entre los soportales...

Madrid, divinamente
suenas, alegres días
de la confusa adolescencia,
frío cielo lindando con las cimas
del Guadarrama,
mañanas escolares, rauda huida
al Retiro, risas
de jarroncito de porcelana,
tarde
de toros en la roja plaza vieja,

                  des-
pués me iría y a ver la verbena
en San Antonio o San Isidro,
ruido de Navidad en las aceras
cerca
de la Plaza Mayor,
rotos recuerdos
de mil novecientos veintisiete,
treinta,
pueblo derramado aquel 14
de abril, alegre,
puro, heroico Madrid, cuna y sepulcro
de mi revuelta adolescencia.

Canto el Cantábrico,
en Moscú, una tarde cualquiera
del año
1960.
Cielo de Zarauz azul y blanco,
hundido hacia Guetaria en vaga niebla,
Pasajes de San Juan, silo de barcos
pesqueros,
brisa sesgada de la Magdalena,
luz de verano,
cementerio marino en la Galea,
latido de los faros
en Castro Urdiales y Santurce y Ciérvana,
airado mar de los acantilados
mordidos por la galerna,
niño descalzo
en la Concha, infancia pensativa
frente al hosco rumor de las mareas,
adolecer temprano
en la torcida calle marinera
herida de geranios,
riberas
fabriles del Nervión, Sestao, Erandio,

aquella morena, madre,
que vive junto a la Peña,
días hundidos, viejo calendario
llamando a la puerta
esta tarde, golpeando
con las olas y el viento del Cantábrico.

Amo el Nervión. Recuerdo
en París, en Georgia, en Leningrado,
en Shanghai sus muelles
grávidos de mercancías y de barcos,
sus ocres ondas, las gaviotas grises,
los altos hornos negros, encarnados,
donde el hombre maldice
cuanto rezan indignos dignatarios,
miro el Nervión, escucho
los vientos racheados,
paso la página de la dársena
de Erandio,
manos nudosas de los marineros,
enormes pies descalzos,
casi
picassianos,
entro en una taberna, pido un tinto,
tacto el mostrador morado,
huele el aire húmedo a lagar,
salgo
al muelle, llueve,
                    llueve,
llueve, el Nervión navega hacia el Cantábrico...

Biografía

Libros
reunidos, palabra
de honor,
sílaba
hilada letra a letra,
ritmo
mordido,
nudo
de mis días
sobre la tierra, relámpago
atravesando el corazón de España.

Impreso prisionero

He aquí
mis libros: cuánto tiempo impreso,
prisionero entre líneas. Cántico
espiritual, tiempo agraz y hondo
y duradero como el Duero,
soterrado
en mis años azules de Palencia,
torre de San Miguel hiriendo el cielo,
vestido verde de la Monse,
noches de agosto de mil novecientos
cuarenta y uno.

Oíd
el verso
de Góngora: «suspiros tristes,
lágrimas cansadas», terco,
rabioso ángel fieramente humano,
llamando al arma, desalmando el cuerpo
a golpes de pasión o de conciencia.

Veo
pasar el Sena, palpo el aire gris
que se enreda en los puentes.
                                          Vuelvo

a la espaciosa y ardua España,
entro
en la mina comida por el hambre,
camino
Tierra de Campos,
              torno
a mi villa de hierro al rojo. Pido
la paz y la palabra, cerceno
imágenes, retórica
de árbol frondoso o seco,
hablo
para la inmensa mayoría, pueblo
roto y quemado bajo el sol,
hambriento, analfabeto
en su sabiduría milenaria,
«español
de pura bestia», hospitalario y bueno
como el pan que le falta
y el aire que no sabe lo que ocurre.

¡Ira de Dios,
espanto de los siglos venideros!
Hablo
en español y entiéndese en francés.
¡Oh qué genial trabucamiento
del diablo!
¿Hablar en castellano? Se prohíbe.
Buscar españa en el desierto
de diecinueve cegadores años.
Silencio.
Y más silencio. Y voluntad de vida
a contra dictadura y contra tiempo.

Españaahogándose

Cuando pienso
en el mar es decir
la vida que uno ha envuelto, desenvuelto
como
    o l a s
        sonoras
y sucedió que abril abrió sus árboles
y yo callejeaba   iba venía
bajo la torre de San Miguel
o más lejos
       bajaba
las descarnadas calles de Toledo
pero es el mar
quien me lleva y deslleva en sus manos
el mar desmemoriado
dónde estoy son las márgenes
del Esla los esbeltos álamos
amarillos que menea el aire
no sé oigo las olas
de Orio Guetaria
Elanchove las anchas
olas rabiosas
es decir la vida que uno hace
y deshace

cielos
hundidos días como diamante
una
guitarra en el Perchel de noche
la playa rayada de fusiles
frente a Torrijos y sus compañeros.

Capítulo II

LA PALABRA

Patria
perdida,
recobrada
a golpes de silencio,
plaza
de la estación, en Córdoba,
blanco muro
de Aldea del Rey,
todo
perdido
en la lucha,
día a día
recobrado
a golpes de palabra.

La vida

Si escribo
es por seguir la costumbre
de combatir
la injusticia,
luchar
por la paz,
hacer
España
a imagen y semejanza
de la realidad
más pura.

A veces
me tiembla la mano,
se borran
las líneas,
parece
todo perdido
para siempre,
pero un golpe
de mar
levanta el nuevo día,
aquel que ya viví
desde el instante mismo
de nacer.

Entre papeles y realidades

Toda la vida entre papeles. Pero
papeles transparentes. En la vida
hundí, enterré la pluma, dirigida
igual que un proyectil, desde el tintero.

De tener que escribir, lo que prefiero
es la página rota, revivida,
no la blanca   qué va   que va perdida
como sombra de nube en el otero.

Toda la vida. Siempre caminando
aldeas y países y ciudades:
debajo de mi mano están sonando.

Toda la vida entre papeles. Pero
entre papeles y realidades,
es la realidad lo que prefiero.

Evidentemente

¿Qué tiene que ver la vida con los libros?
Con esos libros torpes,
miopes de idealismo,
un perro salta y ladra, silba un tren
a lo lejos,
la realidad palpita evidentemente,
entra un obrero
a la fábrica,
nace un estado en Africa,
cae
un tenedor al suelo,
pero ¿qué tiene que ver la vida con los sueños
borrosos, intentando tapar,
vanamente, el torso de la vida?

Copla

La realidad me llama con la mano.
¿Qué se hizo aquel soñar,
aquel anhelar y ansiar,
qué se hizo?
¿Qué fue de tanto clamar,
desesperadamente, en el vacío?

La realidad me llama con la mano.
He aquí España,
pulso de mi corazón:
el pulso de una esperanza
y una desesperación.

La realidad me dice:
Así es la vida,
yo soy la semilla
de mí misma. Dame
tu mano. Y caminemos.

Cartilla (poética)

La poesía tiene sus derechos.
Lo sé.
Soy el primero en sudar tinta
delante del papel.

La poesía crea las palabras.
Lo sé.
Esto es verdad y sigue siéndolo
diciéndola al revés.

La poesía exige ser sinceros.
Lo sé.
Le pido a Dios que me perdone
y a todo dios, excúsenme.

La poesía atañe a lo esencial
del ser.
No lo repitan tantas veces,
repito que lo sé.

Ahora viene el pero.

La poesía tiene sus deberes.
Igual que un colegial.

43

Entre yo y ella hay un contrato
social.

Ah las palabras más maravillosas,
«rosa», «poema», «mar»,
son *m* pura y otras letras:
o, a...

Si hay un alma sincera, que se guarde
(en el almario) su cantar.
¿Cantos de vida y esperanza
serán?

Pero yo no he venido a ver el cielo,
te advierto. Lo esencial
es la existencia; la conciencia
de estar
en esta clase o en la otra.

Es un deber elemental.

Belleza que yo he visto,
¡no te borres ya nunca!

Sabed que la belleza, eso que llaman
cielo, mínima flor, mar Amarillo,
ya lo he visto. No tengo tiempo. Antes
hay que poner los hombres en su sitio.

Existe el mar, las olas me lo dicen
haciéndome creer que las olvido.
No las olvido. No, no tengo tiempo
sino para dragar primero el río.

Así es la rosa, el ruiseñor así
como una flor que canta y vuela. Visto.
A otra cosa se van mis manos, mira
                la paz al borde del precipicio.

Amo las nubes, las maravillosas
nubes que pasan... *(Baudelaire lo dijo.)*
Volved la cara: están alzando un puente
para pasar el tiempo que vivimos.

Palabra viva y de repente

Me gustan las palabras de la gente.
Parece que se tocan, que se palpan.
Los libros, no; las páginas se mueven
como fantasmas.

Pero mi gente dice cosas formidables,
que hacen temblar a la gramática.
¡Cuánto del cortar la frase,
cuánta de la voz bordada!

Da vergüenza encender una cerilla,
quiero decir un verso en una página,
ante estos hombres de anchas sílabas,
que almuerzan con pedazos de palabras.

Recuerdo que, una tarde,
en la estación de Almadén, una anciana
sentenció, despacio: «—Sí, sí; pero el cielo y el in-
          fierno
está aquí.» Y lo clavó

con esa *n* que faltaba.

Hablamos de las cosas de este mundo.
Escribo
con viento y tierra y agua y fuego.
(*Escribo*
hablando, escucheando, caminando.)

Es tan sencillo
ir por el campo, venir por la orilla
del Arlanza, cruzar la plaza
como quien no hace nada
más que mirar el cielo,
lo más hermoso
son los hombres que parlan a la puerta
de la taberna, sus solemnes manos
que subrayan sus sílabas de tierra.

Ya sabes
lo que hay que hacer en este mundo: andar,
como un arado, andar entre la tierra.

No quiero que le tapen la cara con pañuelos

Escribo; luego existo. Y, como existo
en España, de España y de su gente
escribo. Luego soy, lógicamente,
de los que arman la de dios es cristo.

¡Escribir lo que ve!, ¡habrase visto!,
exclaman los hipócritas de enfrente.
¿No ha de haber un espíritu valiente?,
contesto.
¿Nunca se ha de decir lo que se siente?,
insisto.

No. No dejan ver lo que escribo
porque escribo lo que veo.
Yo me senté en el estribo.

Y escribí sobre la arena:
¡Oh blanco muro de España!
¡Oh negro toro de pena!

Nadando y escribiendo en diagonal

Escribir en España es hablar por no callar
lo que ocurre en la calle, es decir, a medias palabras
catedrales enteras de sencillas verdades
olvidadas o calladas y sufridas a fondo,
escribir es sonreír con un puñal hincado en el cuello,
palabras que se abren como verjas enmohecidas
de cementerio, álbumes
de familia española: el niño,
la madre, y el porvenir que te espera
si no cambias las canicas de colores,
las estampinas y los sellos falsos,
y aprendes a escribir torcido
y a caminar derecho hasta el umbral iluminado,
dulces álbumnes que algún día te amargarán la vida
si no los guardas en el fondo del mar
donde están las llaves de las desiertas playas amarillas,
yo recuerdo la niñez como un cadáver de niño junto a
        la orilla,
ahora ya es tarde y temo que las palabras no sirvan
para salvar el pasado por más que braceen incansa-
        blemente
hacia otra orilla donde la brisa no derribe los toldos
        de colores.

4

¿Yo entre álamos y ríos?

Estate tranquilo. No importa que sientas frío
en el alma. Debes estar tranquilo,
y dormir. Y por la mañana te levantas temprano y te
vas a ver el río,
debes mirarlo sin prisa, dejarlo pasar, sin preocuparte
lo más mínimo
de que el tiempo pase, como si fueras un niño
horriblemente maltratado por la vida; pero no importa, siempre hay un sitio
tranquilo, con algún álamo que tiembla si silba un paja-
rillo
y tú le ves entre las leves hojas, dichoso, felicísimo,
ahora mismo le estás viendo silbar, saltar, volar por el
aire limpio,
apenas sientes el rumor del río
y... por qué lloras, si es verdad lo que te he dicho,
anda, ve a dormir, y mañana iremos a ver de verdad
el río
y a dudar de que soñaste con él, mi pobre amigo...

Noticias de todo el mundo

A los 47 años de mi edad,
da miedo decirlo, soy sólo un poeta español
(dan miedo los años, lo de poeta, y España)
de mediados del siglo xx. Esto es todo.
¿Dinero? Cariño es lo que yo quiero,
dice la copla. ¿Aplausos? Sí, pero no me entero.
¿Salud? Lo suficiente. ¿Fama?
Mala. Pero mucha lana.
Da miedo pensarlo, pero apenas me leen
los analfabetos, ni los obreros, ni los
niños.
Pero ya me leerán. Ahora estoy aprendiendo
a escribir, cambié de clase,
necesitaría una máquina de hacer versos,
perdón, unos versos para la máquina
y un buen jornal para el maquinista,
y, sobre todo, paz,
necesito paz para seguir luchando
contra el miedo,
para brindar en medio de la plaza
y abrir el porvenir de par en par,
para plantar un árbol
en medio del miedo,
para decir «buenos días» sin engañar a nadie,
«buenos días, cartero» y que me entregue una carta
en blanco, de la que vuele una paloma.

E. L. I. M.

¿Adónde irá la luz cuando decimos
cierra los ojos, duerme, sueña, muere?

¿Adónde irá el amor cuando hace frío
y el alma es hielo y el recuerdo, nieve?

¿Adónde van las olas que veíamos
venir, subir, romper, desvanecerse?

No seas ola, amor, luz, libro mío.
Arde, ama, asciende siempre, siempre, siempre.

Escrito con lluvia

Ahora es cuando puedes empezar a morirte,
distraerte un poco después de haber terminado tu sép-
    timo libro,
ahora puedes abandonar los brazos a lo largo del
    tiempo
y aspirar profundamente entornando los párpados,
piensa en nada
y olvida el daño que te hiciste,
la espalda de Matilde
y su sexo convexo,
ahora mira la lluvia esparcida por el mes de noviembre,
las luces de la ciudad
y el dinero que cae en migajas los sábados a las seis,
espera
el despertar temible de iberoamérica
y comienza a peinarte, a salir a la calle, a seguir
laborando por todos
los que callan, y avanzan, y protestan, y empuñan
la luz como un martillo o la paz como una hoz.

Dadme una cinta para atar el tiempo

Con palabras se pide el pan, un beso,
y en silencio se besa y se recuerda
el primer beso que rozó aquel pétalo
en el jardín de nuestra adolescencia.

Las palabras son tristes. Tienen miedo
a quedarse en palabras o en promesas
que lleva el aire como un beso muerto:
pobres palabras que el olvido entierra.

Dadme una cinta para atar el tiempo.
Una palabra que no se me pierda
entre un olvido y un recuerdo.

Quiero que el aire no se mueva y venga
un mal viento que arrastre por el suelo
años de luz, palabras bellas...

Plumas y flores

Hablo de lo que he visto. Ya lo dije.
Venid a ver en el papel el viento
del pueblo: en él, a él le leo y hablo,
bien es verdad que desde lejos.

¡Desde lejos! Dajadme que os explique
por qué cayó en burgués mi nacimiento
(jueves, 15 de marzo). Hay días malos,
dice la gente. Pero ya están lejos.

Dejadme continuar. Anduve mucho,
como de aquí a Pekín, que digan ellos.
Cuando llegue la luna nueva,
la iré a decir que me consuele, lejos.

Y una linda mañana, una paloma
llegará a la ventana de aquel pueblo
donde aprendí a leer.
Corónenle de paz mis pensamientos.

Cuando digo

Cuando digo esperanza digo es cierto.
Cuando hablo del alba hablo del día.
Cuando pronuncio sombra, velaría
las letras de mi patria, como a un muerto.

Cuando escribo aire libre, mar abierto,
traduzco libertad (hipocresía
política), traduzco economía
en castellano, en plata, en oro injerto.

Cuando digo a la inmensa mayoría
digo luego, mañana nos veremos.
Hoy me enseñan a andar y ver y oír.

Y ellos ven, oyen la palabra mía
andar sobre sus pasos. Llegaremos.
Es todo cuanto tengo que decir.

Mientras viva

Vuestro odio me inyecta nueva vida.
Vuestro miedo afianza mi sendero.
Vida de muchos puesta en el tablero
de la paz, combatida, defendida.

(Ira y miedo apostaron la partida,
quedándose los dos con el dinero.
Qué hacer, hombre de dios, si hay un ratero
que confunde la Bolsa con la vida.)

Vuestro odio me ayuda a rebelarme.
A ver más claro y a pisar más firme.
(Mientras viva, habrá noche y habrá día.)

Podrán herirme, pero no dañarme.
Podrán matarme, pero no morirme.
Mientras viva la inmensa mayoría.

C. L. I. M.

En las condiciones de «nuestro hemisferio», la literatura no es «mayoritaria» por el número de lectores, sino por el tema.

Pedro Lorenzana bate el zapapico.
Justo Corral hiende la perforadora.
Talan con la pala del hacha Andrés, Nico.
Atruena el taller la martilladora.
Muchos (miles) siegan a golpe de hoz,
¿todavía?, el trigo que otros (tres) ahelean.
Soy sólo poeta: levanto mi voz
en ellos, con ellos. Aunque no me lean.

(Di, ¿por qué acequia escondida, agua,
vienes hasta mí...?

A. M.)

Figúrate una fuente
en un valle verde, balbuceando
siempre lo mismo, siempre
diferente, frases
fugitivas, corrientes,
es un espejo que anda,
una verdad que parece
mentira que no la escuchen
los que de verdad entienden
de fuentes de poesía
y de palabras corrientes...

(Viene de la página 1936)

¿Qué voy a hacer con cinco o seis palabras,
siete todo lo más, si el martes próximo
saldré de España con españa a cuestas,
a recontar palabras? Cinco, es poco.

¿Qué voy a hacer? Contarlas cien mil veces,
hacérselas oír hasta a los sordos.
(Hay muchos sordos porque hay muchos versos
afónicos, criptóricos, retóricos.)

¿Criptóricos? ¡Y mil, dos mil millones
oyen la radio, abren el periódico...!
¿Qué les diré cuando me pidan cuentas?

Les hablaré de cosas que conozco.
Les contaré la historia de mi patria,
¡a ver si continúa de otro modo!

Voz del mar, voz del libro

Si me pongo a escribir, en qué termina
una mano que empieza en uno mismo,
cómo se llama hablar desde una silla
a un muro muy lejano o al vacío.

Le llamaremos pluma a la deriva,
mar que bastante tiene con su ritmo
de trabajo manual: la poesía
(es divina, repican las campanas)
es un lujo, replican los martillos.

Y yo, sentado en una silla, sílaba
a sílaba, les silbo en los oídos
que sí, que estoy tallando una sortija
... para sus manos o las de sus hijos.

Si me pongo a pensar, salta a la vista
que el mar es como un libro
abierto por la inmensa mayoría
de las olas: yo leo en él, y escribo.

A veces, me parece que la orilla
está tan lejos, que no la diviso.
Será porque mi pluma está torcida;
será porque un mal viento cerró el libro.

Yo le ayudo (mi ayuda siempre es mínima:
por eso insisto tanto y me repito)
a levantar las olas entre las líneas
que el mar alzó desde su mudo abismo.

Si me pongo a gritar, es que el mar grita
desde hace siglos algo tan sencillo
como « ¡Me pesan mucho los navíos!
¿Quién me ayuda a quitármelos de encima?»

Voz del mar, voz del libro.
Así se termina
una mano que empieza en uno mismo,
un silencio que el mar impone y dicta.

El mar suelta un párrafo sobre la inmensa mayoría

Yo soy el mar que no sabe leer
el mar amarrado a la tierra revolviéndome
con rabia echando espuma pataleando contra las costas
torturado día y noche sin revelar nunca el secreto
que en su ignorancia creyeron los hombres me fue con-
        fiado
Yo hablo adelantándome a las maravillosas palabras
de los poetas a las mentirosas ondas de los mercaderes
a los estereotipados teletipos mercenarios
yo estoy sordo me río de los falsos redentores yo pre-
        dico con olas
que imponen pánico a los poderosos
distingo las estrellas a simple vista
ésta no ésta no ésta sí
Yo soy el mar desamarrado recuperando de tiempo en
        tiempo
la tierra que en el principio me arrebataran.

Capítulo III

CANTARES

Cuando voy por la calle,
o bien en algún pueblo con palomas,
lomas y puente romano,
o estando yo en la ventana
oigo
    una voz por el aire,
letra simple, tonada popular

    ... una catedral bonita
    y un hospicio con jardín,

son los labios que alabo
en la mentira de la literatura,
la palabra que habla,
canta y se calla

    ... donde van las niñas
    para no volver,
    a cortar el ramo verde
    y a divertirse con él;

y si quieres vivir tranquilo,
no te contagies de libros.

Cantes

La vela de mi barca
tiene un remiendo.
Navegaré con el
viento del pueblo.

> No os extrañe, compañeros,
> que siempre cante mis penas,
> porque el mundo me ha enseñado
> que las mías son las vuestras.
>
> A. FERRÁN: *La Soledad*

Hermanos, camaradas, amigos,
yo quiero sólo cantar
vuestras penas y alegrías,
porque el mundo me ha enseñado
que las vuestras son las mías.

Ay, aquel que le pareciera
que es fácil mi batallar,
siquiera por un momento
que se ponga en mi lugar.

Que no quiero yo ser famoso,
a ver si tenéis cuidado
en la manera de hablar,
yo no quiero ser famoso
que quiero ser popular.

Yo no digo que sea la mejor del puerto

María del Coro Fernández Camino,
nacida en Jaén,
destrozada en Huelva,
bonita en Madrid
y mujer a la deriva en Gijón,
ave maría purísima
buscando el amor y la libertad,
en Jaén,
tres pesetas doce horas
acumbrando las olivas,
para quién,
y cuando salió de Huelva
volvió la cara y maldijo
la tierra que la pariera.

Y dijo de esta manera

Será porque he tenido mala suerte.
Será que no sé hablar si me distraen.
Pero por qué son tan azules las paredes
del día, por qué diablos no son páredes.

Será porque el azul tiene una «l»
garbosa y muy elegante,
o será porque el día se defiende
entre cuatro paredes intocables.

Será porque he tenido mala suerte
y me ha tocado siempre conformarme,
pero por qué lo mismo y por qué siempre.

Será que no sé hablar si no es del aire,
y el aire sabe que eso me entretiene
… tenía.

> *Mi calabozo tenía*
> *una ventanita al mar,*
> *donde yo me entretenía*
> *viendo los barcos pasar*
> *de Cartagena a Almería…*

Del árbol que creció en un espejo

(Mi corazón dice, dice
que se muere, que se muere;
y yo le digo, le digo
que s'aspere, que s'aspere...
que quiero morir contigo.

Cante hondo.)

Pregúntale al espejo por qué dice
tu corazón que se muere.
Yo le respondo por los dos, le digo
que se espere, que se espere.

Pregúntale a la vida por qué insiste
en terminar malamente.
Yo le devuelvo la moneda, insisto
hasta el final, a contra muerte.

Pregúntale al espejo. No te mires
en el río que no vuelve,
¿no ves que el mar no sabe qué decirte?

Yo le respondo por los dos, le digo
que se aleje, que se aleje,
que estoy plantando un árbol junto al río.

Ay mi lindo amor,
ya no he de verte;
cuerpo garrido,
me lleva la muerte.

(Cancionero)

Ah mi bella amante,
voy de amanecida;
cuerpo garrido,
nos lleva la vida.

Folía popular

En una aldea de Asturias
oí una voz por el aire:

Aquel paxarillo
que vuela, madre,
ayer le vi preso

(Se ha parado el aire.)

y hoy trepa el aire;
por penas que tenga,
no muera nadie;

(Me quedé mirando
las nieblas del valle...)

yo le vi entre rejas
de estrecha cárcel
aquel paxarillo,

(Se ha movido el aire.)

y hoy trepa el aire.

Estribillo tradicional

Soledad tengo de ti,
tierra mía, aquí y allí.

Si aquí, siento que me falta
el aire, que apenas puedo
mover la pluma por miedo
al gato, que siempre salta
donde más se piensa. ¿Ves
qué manía tan funesta
esta
de no pensar con los pies?

Pues si allí, siento que el suelo
me falta, que puedo apenas
remover plumas ajenas,
se me va el pájaro al cielo;
es
lo que yo digo: Ya ves,
tierra mía, allí y aquí,
soledad tengo de ti.

Avanzando, cayendo y avanzando

Mañana, mañana, mañana.
Está bien, está bien. Pero empecemos.
Esperanza, esperanza, esperanza.
Está bien, está bien. Pero avancemos.

España, España, España.
Apenas puedes con tus pies, apenas.
¿Quién ahocina el discurrir de España?
Cadenas, cadenas, cadenas.

Virgen de la Soledad,
madre de las manos muertas,
que de tanto abrirlas, puertas
le pones a tu heredad.

Mañana, mañana será otro día,
dice la gente. Es verdad,
es verdad. Y el viento repetía
esperad, empezad, avanzad.

No riñades

Muy preciada es la palomba:
¡cómo es preciso cuidarla!

Digas tú, el marinero,
que en las naves vivías,
as palombas, no riñades,
paz no mar.

Digas tú, el avionero,
que volando venías,
as palombas, no riñades,
paz no ar.

Digas tú, meu menino,
que escuchándome estabas,
muy preciosa es la palomba,
no riñades.

Paso el río paso el puente

Mi segunda palabra se abre
y cierra
en tus manos
se evade a los olivos donde tú
vareabas curvabas
la pequeña cintura
desplegabas las redes
como una verónica
                  en la cubierta
de las naves de Huelva
vaya palabra gallarda
rodea
la delicada sombra de tu muslo
orna la curva
mínima de la nuca
acaso
asoma en la mirada
buscando el amor y la libertad
déjala
vamos al río a ver reír el agua
que pasa siempre y no acaba
que pasa siempre y no engaña
hermosa
palabra que se abre
y cierra en tus brazos.

Cantan multiplicando

Ahora que está lloviendo, yo bien quisiera, **niñas**
del mundo entero, explicaros por qué llueve **unas veces**
y otras veces y otras hace sol en las viñas
y mira cómo ríen y beben en el río los peces.

Explicaros la tabla de salvación de los ríos,
las estrellas, los hombres, la inmensa mar y **mira**
la luna como mueve su plateado tíovivo,
en tanto que el sol ríe y la tiera gime y gira, gira...

Cuando estén secas las fuentes y las pálidas flores
desmayen en el aire sin un ay tan siquiera,
leves, mojadas, melodiosas almas de perfume y **colores**
que para mí y la inmensa mayoría de mis versos **qui-**
siera;

cuando manyés que a tu lado se pone la lluvia **a llover y**
llover,
yo bien quisiera, niñas del mundo entero, **tímidamente**
taparos
con unas pocas palabras que acaso descosió **un día**
una mala mujer,
pero mira como ruedan y se inclinan a mi favor los
aros...

Pero los ramos son alegres

Jamás pensé que nos veríamos en Jaén, ¡ay Jesús, cómo
    huele
orillas del Guadalquivir! Cristiana, dije al verte,
tus pechos tan garridos rememóranme de mora.
Trébole de la soltera al llorar se descolora.
Allí oí fino desplante: el día que nací yo
mi madre cortó una rosa y me la puso delante.
Trébole de la casada y faldellín de color
para la niña que luego llorará su sola flor.
¡Ay qué fugazmente pasan los años bellos,
y cómo pierde la color la rosa que encienden ellos!
Pero no quiero que llores, olvídate de tu casa
y tu ventana, donde cuidabas la albahaca
y escogías perejil. Mira esa estrella verde
tras el olivo, trébole de la leve doncella
que se perdió por contemplarse desnuda en ella.
No llores, cristiana, que tu llanto me da pena
y se entristecen los tréboles,
jamás pensé que tu pasado fuese tan frágil
y tan blanco por defuera.
Trébole, ¡ay amor! Cómo tiemblan
tus muslos en la yerba.

Aquí hay verbena olorosa

Lo que quiero.
Puedo hacer lo que quiero con la pluma
y el papel. Pero prefiero
hacer un verso vivo y verdadero,
y ¡allá él! Lo que queda en el tintero
es un mar de palabras: todo espuma.

Voy al fondo.
Voy al fondo dejando bien cuidada
la ropa. Soy formal.
Pero con qué facilidad la escondo,
musa vestida y desnudada,
prendiendo y desatándote la cinta
de tu delantal, mi vida.

Venid, y vamos todos
al pueblo, lo que quiero es que aprendamos
a hablar como las propias rosas: ellos
nombran de varios modos
los pájaros, los árboles. Vámonos
a coger rosas, nombres bellos,
pues que tan claro hablan ellos,
vamos a coger rosas,
y todo el campo se entere,

vamos a decir cosas
sencillas, si usted prefiere
vamos a coger rosas
rosas, amarillas: rojas,
a publicar lo que piensa
el ramo, vamos a mover
la rosa, la mayoría
de las rosas,
quiérome ir allá
por mirar lo que escribía
la rosa en el aire,
aquí hay señales de vida,
vamos a coger rosas,
a escribir como dios manda,
vámonos yendo,
voz del pueblo, voz del cielo,
vamos, es un decir
florido, pero yo de eso no entiendo.

Campo de amor

(Canción)

Si me muero, que sepan que he vivido
luchando por la vida y por la paz.
Apenas he podido con la pluma,
apláudanme el cantar.

Si me muero, será porque he nacido
para pasar el tiempo a los de atrás.
Confío que entre todos dejaremos
al hombre en su lugar.

Si me muero, ya sé que no veré
naranjas de la china, ni el trigal.
He levantado el rastro, esto me basta.
Otros ahecharán.

Si me muero, que no me mueran antes
de abriros el balcón de par en par.
Un niño, acaso un niño, está mirándome
el pecho de cristal.

Capítulo IV

GEOGRAFIA E HISTORIA

Patria, con quién limitas
sino con Africa, aquella
de entonces, con montañas
y mares encrespados,
el mundo dónde,
la firme fortaleza
de la paz, la justicia
joven,
españa de uñas grandes,
prestas para el asalto,
pobre pueblo sin tierra,
rama de álamo al aire,
límite de mis días
primeros y finales.

Canción primera

Esperanza, camino
bordeado de mirtos.

Siento a España sufrir
sufrimiento de siglos.

Esperanza, camino
ladeado de mirtos.

Salamanca de cuatro,
Cuenca de cuatro o cinco.

Esperanza, camino
bordeado de mirtos.

La del alba sería,
se oye el llanto de un niño.

Esperanza, camino
ladeado de mirtos.

Una muchacha blanca
con un ramo de olivo.

Esperanza, camino
bordeado de mirtos.

Noche en Castilla,
los árboles
bambolean
las frondas,
una guitarra
blanca
rueda sobre la torre
de Salas de los Infantes,
morada de grandeza,
pueblo de claridad y de hermosura.

Delante de los ojos

Puente de piedra, en Zamora,
sobre las aguas del Duero.

Puente para labriegos, carros,
mulas con campanillas, niños
brunos.

Vieja piedra cansada
de ver bajo tus arcos
pasar el tiempo.

Junto a la orilla, baten
las aceñas, españa
de rotos sueños.

Cuando el poniente pone
sutil el aire y rojo
el cielo,

el puente se dibuja
tersamente, y se oye
gemir el Duero.

Tierra
de Campos, parda
tierra de tristes
campos.
Agosto, los caminos
llamean, alto azul
y cuatro, cinco nubes
blancas.
Nocturno, trema un tren,
rielan los rieles
reflejando los anchos
astros.
Frío de amanecida,
cuchillo fino
del alba.
Tierra
de Campos, pura
tierra de tristes
campos.

Canción cinco

Por los puentes de Zamora,
sola y lenta, iba mi alma.

No por el puente de hierro,
el de piedra es el que amaba.

A ratos miraba al cielo,
a ratos miraba al agua.

Por los puentes de Zamora,
lenta y sola, iba mi alma.

No te aduermas

Las dos de la mañana.
Canta
un gallo, otro gallo
contesta.
      El campo
de mi patria reposa
bajo la media luna.
Oh derramada España,
rota guitarra vieja,
levanta
los párpados
(canta
un gallo) que viene,
llena de vida,
la madrugada.

Todavía

Mañana
brillará España.

(Mañana
de borrasca y ventisca.)

Campos de Castilla,
Galicia, Andalucía.

(Mañana
de cielo rojo y sol.)

Campesino, minero,
tejedor, forjador.

Mañana
brillará España.

Canción siete

Día a día, los álamos
vuelven del verde al blanco.

Delante de tu puerta
un ramo de claveles,
y en lo alto del cielo
la luz azul alegre.

Día a día, los álamos
vuelven del blanco al verde.

Alegría, parece
que vuelves de la fiesta,
con un clavel de fuego
y la mirada alerta,
árboles inclinados
como personas, ciega
capa de torear
color azul y fresa,
alegría, este otoño
has abierto la puerta
de hierros herrumbrosos,
saltó a la carretera
un perro rojo, el mar
crujió como una seda,
a lo lejos, los montes
de León espejean
tal una espada azul
movida entre la niebla,
alegría,
      paciencia
de la patria que sufre
y la españa que espera.

Con un cuchillo brillante

España,
palabra bárbara, raída
como roca por el agua,
sílabas
con sonido de tabla
seca,
playa
de mi memoria, mina
roja del alma,
cuándo
abrirás la ventana
a la brisa
del alba.

Toledo
dibujada en el aire,
corona
dorada
del Tajo,
taller
de la muerte,
tela
verde de la Asunción,
sombría
Bajada del Pozo Amargo,
brille
tu cielo
morado,
pase
suavemente la brisa
rozando
tu silo de siglos.

León
luna contra el reloj
de la cárcel.

Granada
luz difusa
en los balcones.

Bilbao
mina roja de hierro
en la Peña.

Soria
ondulada hacia el río
Duero.

Colorolor

Otoño de cobre
frondas de la Moncloa
pájaro amarillo
de Olmedo
cadena destrozada
del Tajo
octubre vacilante
en las márgenes del Ebro
Miranda huele a pan
Alicante a puerto
Madrid a cielo azul
Zamora a plaza pura
otoño
de España
uncido
como un buey a mi palabra.

Zamora era de oro,
Avila de plata.

Contra el azul del cielo
torres se dibujaban.

Románicos mosaicos,
ágiles espadañas.

Zamora de oro,
Avila de plata.

Canción once

Crepúsculo y aurora.
Puentes de Zamora.

El alba
se enreda entre los troncos
de los álamos verdes,
orillados de oro.

Puentes de Zamora.

De oro del poniente
tienes la frente roja;
la brisa cabecea,
cecea entre las hojas.

Crepúsculo y aurora.
Puentes de Zamora.

Canción diecisiete

Galicia, luna dormida.
Valencia, luna despierta.

Luna con las manos juntas.
Luna de brazos abiertos.
Galicia cierra los ojos.
Valencia los lleva abiertos.

Vagas nieblas del Atlántico.
Azul del Mediterráneo.

Ruando

Tardes de Barcelona,
ruando por el barrio
de san Antonio.

Portales, librerías
de viejo, biblioteca
de la calle del Carmen,
lluvia de junio, horrible
bochorno, cruza un niño
con los brazos caídos.

Tardes
de Barcelona, lenta
mente ruando.

Canción nueve

Azul de madrugada
en el puerto de Málaga.

El aire ríe, el aire
igual que una muchacha;
junto al Perchel, sonrisas
y miseria y desgracia.

En el puerto de Málaga.

Fotografías

Sol de otoño,
última maravilla
de amarillas frondas,
tardes como páginas,
llanto con causa, casa
sin dintel del pobre,
cae, derrámate, sol
de otoño, sobre este niño
apoyando en el quicio
de la desgracia.

Hace frío. El pico
más alto
del Guadarrama, llamea
pura
nieve,
patria aterida,
ventana
de cristales rotos,
silba
el cierzo, Andalucía
anda descalza
en medio de la opulencia,
irrumpa
justiciero el sol,
fulja
rojo
frente a la frente trágica de España.

Atardece. El cielo
es de lana mojada,
el aire ondea
con desgana,
pienso
en los campos de España,
caen
las hojas, pasa
una mujer de luto,
lejos, el Guadarrama
nítido
tal una espada,
sé
que mañana
hará sol, será de todos
España.

Narración en el mar

Te voy a contar una historia del mar.
El mar mueve las manos como tú cuando haces el amor.
El mar amanece de espaldas como tú sobre mi pecho.
El mar abriendo y cerrando los ojos cegado por el sol.
Pues lo primero que iba a decirte
es acerca de la otra tarde y tu chaqueta de lana azul
que a veces salpicaba la espuma
derramada sobre el rompeolas,
y oprimías los labios o reías y gritabas «en Jaén
nos zambullíamos
               en el Guadalbullón»
sólo se oía el mar, las ramas
de las olas desamarrándose de cuajo,
el jadeo del agua
            ahogándose
contra el rompeolas,
hiciste un gesto con la ceja «¿vamos?
me da miedo» el cielo imitaba tu jersey azul,

dijiste «éramos tres hermaniyas, Araceli, Linda
y yo, allí en Jaén, ya sabes
trabajábamos de sol a sol, total para qué»

el mar protestaba violentamente contra el acantilado,
de pronto una estrella irradió tras la lejana cima.

Otra vez, alegría
en lo alto del cerro,
en la mano de un niño,
en la ceja del cielo,
en las desorbitadas
olas del mar, en medio
de un campo de amapolas,
en el centro del fuego,
alegría
despreocupadamente
hermosa, riachuelo
andanda a gatas, fronda
revuelta a contra viento,
otra vez, para siempre,
alegría, pañuelo
rojo.

¿Cuándo será que España
se ponga en pie, camine
hacia los horizontes
abiertos, aterrice
de su cielo teológico
y pise tierra firme
y labore y prosiga
su labor y edifique
una casa con amplias
ventanas y, en la linde
del tejado,
brille un ramo de oliva
que la brisa, alta, brice?

Dormir, para olvidar
España.

Morir, para perder
España.

Vivir, para labrar
España.

Luchar, para ganar
España.

Descamisadamente ibérico

Pasan días. España
parece dormida,
pero un pulso, una rabia
tercamente palpita,
puja debajo de
los trigos de Castilla,
golpea por los puentes
del Duero, descamisa
el pecho, lucha, canta,
entra en las herrerías,
en los viejos talleres
armados de pericia,
asciende por los álamos
esbeltos,
ladea la cabeza
junto a unos cerros, trepa
el vasto Guadarrama.
oscila cima a cima,
se derrama en el cielo
azul, clava la vista
en el mar y amenaza
con olas descautivas.

MXCLXII

Una voz, otra voz, un gran clamor:

—*¡Yo soy Espartaco!*
> —*¡Yo soy Espartaco!*
>> —*¡Yo soy Espartaco!*...

¿Quién, quién es Espartaco?

> —*Fuenteovejuna, señor.*

Un minero

Sentado está, sentado
sobre su propia sombra corrosiva,
a la derecha, dios, y a la izquierda, inclinado,
el hijo. Y el espíritu santo en el aire, a la deriva.
¿Quién ha puesto esta cara
cadavérica? ¿Quién comió de su hambre y ha brindado
con su sed? Ni dios le ampara.
He aquí a su hijo: sordomudo,
y a Teresa, la hija, en una casa de salud o
más crudamente, manicomio.
                              ¡Mina
de los demonios! ¡Paraíso
subterrenal de tal o cual patrono!

Su compañera, de moza, dicen que era divina.
Ahora es como un paraguas roto. No
quiere ni oír hablar del paraíso.
Ni oír, ni hablar. ¡Bastante
ha visto y ve lo que tiene delante!

A Marcos Ana

¡Ah de la vida! ¿Nadie me responde?

QUEVEDO

No hablo por hablar. Escribo
hablando, sencillamente:
como en un cantar de amigo.

Nazim, Marcos, Lina Odena,
Nina van Zant, compañeros,
en la libertad más bella.

La libertad del que forja
un pueblo libre: Miguel
Hernández cavó la aurora.

¡Ah de la vida! Pregunto
a tientas: «el mar», «el campo...»
Las olas se han vuelto mudas.

Veintidós años... Decidme
cómo es un árbol. Quién silba
arriba en el aire libre.

Quién me recuerda. Quién llama
desde el fondo de una mina.
Espaciosa y triste España.

La libertad por el suelo.
Tú la levantas, la apoyas
en el hombro del obrero.

El olivo y las espigas
te dan la mano, se pasan,
brisa a brisa, la consigna.

Como en un cantar de amigo,
escribo lo que me dictan
la fábrica y el olivo.

España

A veces pienso que sí, que es imposible
evitarlo. Y estoy a punto de morir
o llorar. Desgraciado de aquel que tiene patria,
y esta patria le obsede como a mí.

Pregunto, me pregunto: ¿Qué es España?
¿Una noche emergiendo entre la sangre?
¿Una vieja, horrorosa plaza de toros
de multitud sedienta y hambienta y sin salida?

Fuere yo de otro sitio. De otro sitio cualquiera.
A veces pienso así, y golpeo mi frente
y rechazo la noche de un manotazo: España,

aventura truncada, orgullo hecho pedazos,
lugar de lucha y días hermosos que se acercan
colmados de claveles colorados, España.

Rectifico mi verso.
Unir a Don Quijote y Sancho Pueblo.

No quiero acordarme

Cervantes. Don Quijote de la Mancha.
Dos caballeros y un solo destino.
Aldonzar pluma en ristre, y punta en lanza
dulcinear: dos rostros de uno mismo.

No escribas más. Adéntrate en el alba,
prosigue silencioso tu camino,
pero no escribas más. Deja que el hacha
caiga a su tiempo sobre el tronco erguido.

Oh soledad del hombre ante el fracaso.
Oh herida pluma en pleno altivo vuelo.
Oh desviada lanza hecha pedazos.

Cervantes. Don Quijote de la Mancha.
Atrás, ídolos rotos, caballeros
caídos en el centro de la página.

De turbio en turbio

Aburrimiento general. Paciencia.
Paciencia. Aburrimiento general.
Pasan las nubes. Silba un tren. Paciencia
teniente. Aburrimiento general.

Leo el *Quijote*. Libro extraño. Leo
el *Quijote* otra vez. Cuánta sandez
escrita en castellano. A lo que veo,
por la boca muere el pez.

Paciencia y barajar. Pasan las nubes.
Silba un pájaro. A lo lejos, trema un tren.
Las maravillosas nubes
pasan, se ven..., se van, ya no se ven...

Habla de la feria

Don Quijote y Sancho Panza.
Sancho Panza y Don Quijote.
Puestos en una balanza,
el uno pide justicia,
el otro pide pitanza.

Dulcinea y Mari Sancha.
Mari Sancha y Dulcinea.
Una fea y otra (hermosa
en sueños) aún más fea.

Ay Miguel, Miguel, Miguel
de Cervantes Saavedra.
Como ha fracasado él,
en su pluma nadie medra.

Canción diecinueve

Molino de viento, muele
el viento que va al molino.

No toques a Don Quijote,
no agravies a Sancho Panza.
Molino de viento, muele
el viento que viene y pasa.

Don Quijote está tocado,
Sancho Panza, requitonto.
Molino de viento, muele
el viento que pasa solo.

El viento que va al molino
muele, molino de viento.

Vámonos al campo

Señor Don Quijote, divino chalado,
hermano mayor de mis ilusiones,
sosiega el revuelo de tus sinrazones
y, serenamente, siéntate a mi lado.

Señor Don Quijote, nos han derribado
y vapuleado como a dos histriones.
A ver, caballero, si te las compones
y das vuelta al dado.

Debajo del cielo de tu idealismo,
la tierra de arada de mi realismo.
Siéntate a mi lado, señor Don Quijote.

Junto al pozo amargo de la soledad,
la fronda de la solidaridad.
Sigue a Sancho Pueblo, señor Don Quijote.

1

Me llamarán, nos llamarán a todos.
Tú, y tú, y yo, nos turnaremos,
en tornos de cristal, ante la muerte.
Y te expondrán, nos expondremos todos
a ser trizados ¡zas! por una bala.

Bien lo sabéis. Vendrán
por ti, por ti, por mí, por todos.
Y también
por ti.
(Aquí
no se salva ni dios. Lo asesinaron.)

Escrito está. Tu nombre está ya listo.
temblando en un papel. Aquel que dice:
abel, abel, abel... o *yo, tú, él...*

2

Pero tú, Sancho Pueblo,
pronuncias anchas sílabas,
permanentes palabras que no lleva el viento...

128

Letra

...y dándole una lanzada en el aspa,
la volvió el viento con tanta furia...

Quijote, I, 6

Por más que el aspa le voltee
y España le derrote
y cornee,
poderoso caballero
es don Quijote.

Por más que el aire se lo cuente
al viento, y no lo crea
y la aviente,
muy airosa criatura
es Dulcinea.

Un lugar

Tierra de don Quijote,
tierra roja, cegada
bajo el sol,
hayas
llamando a la desgracia,
yérguete, borra
la linde
que divide y separa
tus hijos.

La muerte de don Quijote

«... he menester tu favor y ayuda; lléga-
te a mí.»

Quijote, I, 18

«Cervantes contempla el panorama
de España.

Miré los muros de la patria mía

Ve una tierra escuálida

Cadáver son las que ostentó murallas

que yace estéril en tanto que los hombres
rezan... Los viejos soldados vagan
por los caminos;

Salíme al campo, vi que

los campos descansan
mientras los señores vigilan
el arribo de los galeones que deszarpan
de las Indias cargados de oro...

Entré en mi casa

Cervantes contempla su alma.
También él ha sido héroe...

Vencida de la edad sentí mi espada

ha sido un poeta encarcelado...;
ha vivido en la miseria...

Vi que amancillada
De anciana habitación era despojos

Al mirar dentro de sí y al mundo

Que lo que a todos les quitaste sola

que le rodea

Los herederos de tan grande hazaña
Te puedan a ti sola quitar todos

Cervantes ve que España,
y él,
y Don Quijote,

Y no hallé cosas en que poner los ojos

están de vuelta
de una gran cruzada...

Que no fuese recuerdo de la muerte

En esta conjunción
está ya el presagio sombrío
del nacimiento

(Que no fuese recuerdo de la muerte)

del héroe de la Mancha.»

Diéronle muerte y cárcel las Españas

«Entonces
era para mí *Don Quijote*
un libro desconsolador...»

Pero Cervantes
es buen amigo.

Cervantes
contempla, y exclama:
   —La libertad, Sancho, es uno de los más
   preciados dones... y, por el contrario,
   el cautiverio es el mayor mal que puede
   venir a los hombres.

Cervantes
escribe como los ángeles,
y responde como los hombres:
   —Señor, pues ¿qué hemos de hacer nosotros?
   —¿Qué? —dijo Don Quijote—. Favorecer y
   ayudar a los menesterosos y desvalidos.

« ¡Santo cielo,
cuán rápidamente pasan
los años!
          Desde

entonces
he aprendido
que es una ingrata locura...,
si para tal lucha
sólo se posee un delgadísimo rocín
y una mohosa armadura.»

> Entonces,
> todos los hombres de la tierra
> le rodearon

Rogó don Quijote que le dejasen solo
y

> De ayer te habrás de arrepentir mañana

dando una gran voz, dijo:
—Yo tengo juicio ya...
—Yo me siento a punto de muerte

> (Diéronle muerte y cárcel las Españas)

... y una de las señales
por donde conjeturaron se moría
fue el haber vuelto con tanta facilidad
de loco a cuerdo.

> ...Pero Cervantes
> es buen amigo

Cervantes
hace decir a Sancho:

Al fin de la batalla,
Y muerto el combatiente, vino hacia él un hombre
Y le dijo: «¡No mueras; te amo tanto!»

—No se muera vuesa merced, señor mío,
sino tome mi consejo, y viva muchos años;
porque la mayor locura que puede hacer un
hombre en esta vida es dejarse morir, sin
más ni más...

Pero el cadáver, ¡ay! siguió muriendo.

«... y apartábalo indignado
cuando le encontraba en mi

Entonces, todos los hombres de la tierra
le rodearon: les vio el cadáver triste, emocionado;

camino.»

incorporóse lentamente,
abrazó al primer hombre; echóse a andar...

No lo toques ya más

Fray Bartolomé de las Casas dice negro.
Bernal Díaz del Castillo dice rosa.
Dejémoslo en blanco
(o plata) y encarnado (o sangre).

Diego Velázquez

Enséñame a escribir la verdad,
pintor de la verdad.

Ponme la luz de España entre renglones,
la impalpable luz que tiembla
en tus telas.

Dirígeme los ojos hacia abajo:
gente humillada y despreciada
de reyes, condeduques e inocencios.

Que mi palabra golpee
con el martillo de la realidad.

Y, línea a línea, hile
el ritmo de los días venturosos
de mi patria.

In memoriam

Cortando por la plaza de la Audiencia, bajaba
al Duero. El día era de oro y brisa lenta.
Todo te recordaba, Antonio Machado (andaba
yo igual que tú, de forma un poco vacilenta).

Alamos del amor. La tarde replegaba
sus alas. Una nube, serena, soñolienta,
por el azul distante morosamente erraba.
Era la hora en que el día, más que fingir, inventa.

¿Dónde tus pasos graves, tu precisa palabra
de hombre bueno? En lo alto del ondulado alcor,
ajustaba la luna con el dedo. Hacia oriente,

tierras, montes y mar que esperamos que abra
sus puertas.
            Hacia el Duero caminé con dolor.
Regresé acompañado de una gran sombra ausente.

Hay una muerte lenta que atraviesa
la vida lentamente, lentamente.
No es la traidora muerte de repente
que deja el ansia, aunque caída, ilesa.

¿La súbita del rayo? no, no es ésa,
es la que llega despaciosamente
como claror confusa del oriente:
trágica luz del rayo que no cesa.

Así, noche tras noche, sucumbiste
en medio de una España negra y triste:
como el toro en la plaza, como el toro.

La juventud de hoy, la de mañana,
forja otro cielo rojo, audaz, sonoro,
con un rayo de sol en la ventana.

Calle Miguel de Unamuno

En Bilbao hay una calle
que la dicen de Unamuno,
aunque somos muy beatos
y también un poco brutos,
hemos querido poner
los herejes en su punto,
que no digan malas lenguas
que si cultos, que si incultos,
que aquí de cultos tenemos
casi tanto como fútbol,
desde la misa mayor
hasta el rosario minúsculo,
y habemus nuestros ministros,
y en la ONU hablaba uno,
en fin, como ven ustedes
que no se queje Unamuno,
que ha habido unanimidad,
más o menos, para el busto
que su tormentosa villa
va a erigir, por hacer bulto
y borrar lo de las letras
que borró en el Instituto.
De todas formas, ya saben
que, aunque no me gusten mucho

su poesía —a pesar
de lo que crean algunos—,
ni tampoco sus ideas
—son ideas de lechuzo—,
me adhiero con toda el alma
(ya salió por fin el humo,
pero la mía es mortal,
de eso ya ni me preocupo:
he traspasado el negocio,
para que los que se mueren
puedan vivir a su gusto,
decentemente, en su patria,
en Europa, y en un mundo
de acero si puede ser,
con las tierras y los frutos
de todos y para todos,
bien servidos de uno en uno);
pues decía que me adhiero,
igual que un cartel al muro,
a la estatua y a la calle,
calle Miguel de Unamuno.

Alberto Sánchez

Puesto que Rafael te ha puesto en verso claro
—y tú te lo mereces como la luz del día—,
abramos por la página de España tuya y mía,
el aire
se vuelve para verte narrar un caso raro.

Subido en tus palabras, gesticulantemente,
das cuerda a tus historias reales y espectrales,
el aire
retrepa por tus hombros, muy toledanamente.

Alberto: tú conoces de cerca lo lejano.
Y no hay un solo pueblo de Castilla la Nueva,
el aire,
que no esté siempre un poco al alcance de tu mano.

Avanzando

Dormir
para olvidar
España,
tradicional
desgraciada,
oh tierra ruidosa
en armas y desdicha,
ruedo
de la infortuna,
de pronto
un golpe
en medio del pecho,
tu ciega
sabiduría popular
donde apoyo y remozo mi palabra,
habla
también
Espronceda,
Cabarrús,
Félix de Azara,
Jovellanos,
Cadalso,
Cienfuegos,
despierta
patria mía,
avanzando, cayendo y avanzando.

Libertad real

Libertad en el aire
y en la tierra,
que el hombre
puje
como el árbol, realice,
como el río, su camino,
libertad, humano tesoro,
primera y última
conquista de la luz, día y diadema
del mundo.

Doble llave

Por tierras de Aragón,
oigo sonar las viejas hojas secas
del árbol de unos libros
abierto entre las sombras que aún perduran.

«España llega tarde a todas partes,
en su concepto histórico, único que queda de ella,
no es una nación autónoma, dueña de sí.»

Así sonaron las hojas,
sentenciaron después a contra viento.

«Dime lo que un pueblo come
y te diré el papel que desempeña en la historia.»

Transformemos este *río seco*
en *río vivo y corriente*
«que apague la sed de agua que abrasa los campos
y la sed de saber y de luz que padecen los cerebros,
y la sed de ideal que sienten las almas,
y la sed de justicia y de libertad que padece el pueblo.»
Nuestro destino está
«en las manos de los que aran la tierra,
de los que cavan la viña,

de los que plantan el naranjo,
de los que pastorean la cabaña,
de los que arrancan el mineral,
de los que forjan el hierro,
de los que equipan la nave,
de los que tejen el algodón,
de los que conducen el tren,
de los que represan la lluvia,
de los que construyen los puentes,
de los que estampan los libros,
de los que acaudalan la ciencia,
de los que hacen los hombres y los ciudadanos edu-
    cando a la niñez.

La revolución no es aquí meramente un derecho:
es ante todo y por encima de todo un deber.
Hemos faltado a él y lo estamos expiando.»

Doble llave al sepulcro del Cid
y a la insolidaridad de don Quijote.

Necesitamos otras llaves:
escuela y despensa,
despensa y escuela.

... Así sonaron las hojas
en el aire sombrío de mi patria.

Una carta

Levanté la carta,

en la cuesta rocosa
sobre Alicante —anclada
frente a los muelles.

Ahora,
esta tarde, veo ante mí, borroso,
aquel pliego:

... Tan Solo te pido que
no dejes de Escrivir alos
padres pues tu Sabes
las ganas que tienen de
Saber de tí a Cada
momento y no teniendo
[deja una línea]
Mas que de sirte Recuerdos
atu mejores amigos
Y tú mi querido hermano
Resibes el Cariño de tú
hermana que no te olvida
Carmen   Recuerdos de
Loli la de Antonio
Vale   Carmen

Carmen escribe a su modo.

Y esta Carmen, ¿quién será,
que así termina: firmando
la carta que voy copiando
aquí, tal y como está?

Carmen, sin duda, es la renombrada
mujer española...
                    Sin embargo,
yo también sospecho
que aquí somos otra gente,
                            tal vez

peor
de lo que merecemos.

                Orihuela 4 2 - 56

            Querido hermano me alegraré
        que al ser esta en tu poder
            goses de un perfecto estado
    de Salu en Compañia de tus
            buenas amistades yo continuo
            bien a D. Gracia.
                    Manuel de lo que dices
            del afoto te digo que estás
            muy bien solo que a primera hora
            la Ropa militar sienta
            muy mal. Pero tu Veras
            Cuando Lleves 4 o 5 meses
            Delo que dices de la Comida te
            digo que tengas paciencia

    [vuelta]

148

que Mientras estés ay tendrás
esas Comidas para Rato
   Tan Solo te digo que te
portes lo mejor que puedas
  Con pensamiento de que no
te Castiguen y que seas
   mirado por tus Compañeros

(Compañerito del alma,
mira qué juiciosa era:
si parecían decires
de consolación, espera:)

   Manuel sabrás
Como no Voy alicante a pasar
las pascuas, Le hé Mandado
  a madre dinero para que haga

[otra carilla]

las monas para los Chiquillos
   Ay te mando 4 sellos para que
me escribas pronto pues más adelante
te mandaré algun dinero pues en
esta te hiva a mandar 10 pts para
  que compraras tabaco pero por
   alos...

(Quito aquí, que no quiero
pendencias con nadie.

Veinticuatro bofetadas.
Veinticuatro bofetadas;
después, mi madre, a la noche,
me pondrá en papel de plata.

TENIENTE CORONEL
Yo soy el teniente coronel.)

... pues cuando me
contestes me diras si has Resivido
los Sellos por le ... enotra
te mandare...
Manuel Sabras que la
Loli se ha ido Alicante
y no Viene mas.

[vuelta]

Tan Solo te pido que
no dejes de Escrivir alos
padres...

Pues que ya sabéis
el resto, yo también
opino que aquí somos otra gente,
morena,
con sus cosas buenas y sus cosas
malas, que no merecemos,
tal vez...

Un crucero en el verano

Y como hacía tanto calor, me entretuve mirando pasar
    las horas,
justo hasta el límite donde comienza el aburrimiento,
entonces volví la cabeza y comencé a balbucir palabras
en italiano, cosa extraña porque apenas sé traducir,
luego llegó el bombero con su casco violeta a comuni-
    carme que se había extinguido el incendio,
buen bombero aquel, digno de Walt Whitman aunque
    menos fogoso,
seguidamente llamaron a la puerta, era el camarada
    Wladimiro
a quien yo conocía indirectamente, nos presentamos
nuestras excusas,
y nos sentamos mirándonos fijamente,
ustedes los españoles,
                me dijo con su duro acento
                de escalonadas pausas,
pero será mejor que le oigan a él mismo
descubrir América
           desde EL BARCO «ESPAÑA».
construido en 1925
        y cuya prosa
        sigue haciendo
               casi las mismas escalas:

«Las clases, son de verdad clases. (...) La tercera
es el relleno de la bodega. Son los que buscan trabajo desde los puertos de todo el mundo (...)»

De pronto, estalló la tormenta. Gotas como puños
sonaban en los vidrios, brilló un verso y retumbó la
      noche
como el cañón de proa
                del «Aurora».

Inestable lluvia

Me he despertado a las cinco y media
he subido la persiana la lluvia
y las sombras asediaban los cristales
contemplé la calle diluida entre las luces
eléctricas casi azules casi blancas
un coche cruza por la avenida trasversal
pasa un hombre con una escalera al hombro
un obrero otro obrero apresurados para qué
a lo lejos suena la sirena de una fábrica
para qué   cruza una mujer con el abrigo escuálido
pasa un cura
para qué   cae la lluvia la
lluvia   al lado llora un niño

Epístola moral a mí mismo

Dices «la vida», y piensas, ¿en qué piensas,
cuando dices: «debo escribir» «me marcho»
«me duele mucho que no lo comprendas»,
en qué piensas cuando dices «me ahogo»?

Porque la vida es simple, está compuesta
de fumar, convivir, mover el brazo
y hacer que nazcan otros entre piernas
de mujer: el puente que ha pasado

por alto Jorge Manrique en aquella
copla del río. En qué estás pensando,
la vida es bella desde que comienza
la película, hasta que encendemos el cigarro.

Dices que el hombre pasa, el tiempo vuela
y España sigue entre el Atlántico
y el Mediterráneo, decorando su cueva
de Altamira con decorados falsos.

Pero no pienses tanto en Castilla la Vieja
ni en la Mancha que en la mejilla llevamos.
La vida no es ninguna broma, dijo el poeta
de Estambul cuando estuvo encarcelado.

España tampoco lo es; demasiado seria
en el fondo. Por qué dices «me ahogo»,
si ni siquiera rima, por muy imperfecta
que sea (tu patria). Y ahora lo es demasiado.

No pienses que toda la vida es esta
mano muerta, este redivivo pasado,
hay otros días espléndidos que compensan,
y tú los has visto y te orientaron.

Todo tiene su término; desecha
esos pensamientos, y vámonos al campo
a ver la hermosura de la lavandera
antes que el río muera entre sus brazos.

Campañas antiespañolas

Claro que el mundo no es España. *(Ez*
significa en euskera *no.)* ¿Sabemos
acaso qué es España? Meditemos.
¿Es un cielo? ¿Una historia? No me río.
Sigamos, pues, el curso
de nuestro examen. ¿Es acaso un río?
¿Son las vidas? ¿El mar? ¿Será la muerte?
Después de este desorden, el discurso
termina. Yo confío
haya quedado claro lo que es
España. Un suelo virgen. O, al revés,
un puto cielo. No me río.
Tengo
calor en la cabeza, y en los pies
y en todo el cuerpo, frío, mucho frío.

I. Tierra

Por qué he nacido en esta tierra. Ruego
una disculpa. Algo, en fin, de comer,
de vivir. Es horrible no saber
andar por esta tierra, aire, mar, fuego

incógnitos. Si a un cojo guía un ciego,
¿qué harán sino caer, caer, caer!
Pero yo he visto y he palpado. Ser
o no ser. Cara o cruz. Trágico juego.

Trágico amor, amor hasta las heces,
España, hija de padres conocidos,
desavenidos una, cien, mil veces.

Por qué he nacido en esta tierra. Hundidos
tengo los ojos. Pero no tropieces,
madre, aun no nos damos por vencidos.

y II. Inerme

Aun no nos damos por vencidos. Dicen
que se perdió una guerra. No sé nada
de ayer. Quiero una España mañanada
donde el odio y el hoy no maniaticen.

Inclitas guerras paupérrimas, sangre
infecunda. Perdida. (No sé nada,
nada.) Ganada (no sé) nada, nada:
éste es el seco eco de la sangre.

Por qué he nacido en esta tierra. Ruego
borren la sangre para siempre. Luego
hablaremos. Yo hablo con la tierra

inerme. Y como hoy un pobre obrero
de la palabra, un mínimo minero
de la paz, no sé nada de la guerra.

Crónica de una juventud

En un homenaje a Vicente Aleixandre.

Pasó sin darme cuenta. Como un viento
en la noche. (Y yo seguí dormido.)
Oh grave juventud. (Tan grave ha sido,
que murió antes de su nacimiento.)

¿Quién dirá que te vio, y en qué momento
en campo de batalla convertido
el ibero solar? Ay! en el nido
de antaño oí silbar
las balas. (Y ordené el fusilamiento

de mis años sumisos.) Desperté
tarde. Me lavé (el alma); en fin, bajé
a la calle. (Llevaba un ataúd

al hombro. Lo arrojé.) Me junté al hombre,
y abrí de par en par la vida, en nombre
de la imperecedera juventud.

Historia de la reconquista

Yo sé que puedes. Eres pueblo puro,
materia insobornable de mi canto,
desenquijotizándote un tanto,
sé que puedes. Podrás. Estoy seguro.

¿Quién sino tú aupó desde lo oscuro
un sol bajo el que el orbe abrió su manto,
tanto andaluz universal y cuánto
vasco exiliado y extremeño duro!

Allá historias. Aquí lo que hace falta
es conquistar el año diecisiete,
que está más cerca. Tierra firme. Alta

mar de los hombres — bravas, hondas olas
de Cuba —, bate, vuélcate, acomete
contra las hoscas costas españolas.

Juventud imbatida

Fuiste pasando pájaro de colores
álamo alzado al borde de una trinchera
atravesaste la patria en horribles camiones
erizados de armas
                    alcañiz morella
nules guadalajara
así sucedió —y un día sonó la paz
como campana funeral
y se cegaron las fuentes se enrareció
el aire
y fuiste pasando pájaro gris
herido bajo el ala
derivaste hacia el barranco de una mina
enalteciste
            la lucha en plena noche
por una patria
de alegría de acero y de belleza.

Capítulo V

LA VERDAD COMUN

El olvido.
Hemos vivido a tientas tanto tiempo.
(El humo se deshace entre los árboles.)
Hemos buscado, cada vez más cerca
de la verdad común.
(El mundo se modela con las manos
sonoras
que forjan, siegan, tejen, y taladran.)
El olvido dibuja un jardín blanco,
pero cae
una
gota
de sangre,
o bien el hambre abre sus túneles horribles,

y estalla y brilla la verdad común.

Advertencia a España (*Coral*)

No estoy solo. Salut au monde! Millones
y millones están conmigo, estoy
aquí, con cada uno y todos: soy
muchísimos, son mar a borbotones.

Tú, tú y tú me dais mi yo, varones
y hembras de mi ayer y de mi hoy.
—*Hijo, como estás viejo!* ... Ten, os doy
perenne juventud, hecha jirones.

No estoy solo, mi pobre patria sola,
asida a un clavo ardiente. Estás conmigo,
mira qué inmensa mar nos acompaña.

¡Ay mísera de ti! ¡ay española
ola lejana! Sálvame contigo,
somos millones para una España!

Oigo, patria...

Patria lejana, dónde
tus torres de poniente,
las ramas de los olmos
altos, grandilocuentes,
tus pardos altozanos
que el viento azul envuelve,
las hojas de tus chopos
sortijeando verdes,
tus ciudades decrépitas
(como en sentencia breve
dijo Antonio Machado),
tus tristes, lentos trenes
que vienen y no van
a parte alguna, dónde
la rosa de tus nieves
bellas, el encarnado
cruel de tus claveles,
el rostro de tus hombres
que hablan como les vienen
las palabras, oh patria
muda, oh silenciosa
meseta donde siempre
enterraré mis ojos
por lejos que te sueñe.

Vine hacia él
(1952)

que no hay nadie en mi tumba.

C. V.

César Vallejo ha muerto. Muerto está
que yo lo vi
en Montrouge, una tarde
de abril.

Iba con Carlos Espinosa,
y
llevábamos los *Poemas
humanos* y *España, aparta de mí*

esté cáliz. Carlos
leyó un poema, como si
le escuchara Dios. Yo,
llorando, leí

Masa.
        Entonces
todos los hombres de la tierra
le rodearon; pero

César Vallejo, ay! siguió muriendo.

El temor y el valor de vivir y de morir

No sé por qué avenida
movida por el viento de noviembre
rodeando
plazas como sogas de ahorcado
junto a un muro con trozos de carteles
    húmedos
era en la noche de tu muerte
Paul Eluard
y hasta los diarios más reaccionarios
ponían cara de circunstancias
como cuando de repente baja la Bolsa
y yo iba solo no sé por qué avenida
envuelta en la niebla de noviembre
y rayé con una tiza el muro de mi hastío
como una pizarra de escolar
y volví a recomenzar mi vida
por el poder de una palabra
escrita en silencio

Libertad

Colliure 1959

(Por Radio París.)

Uno de mis días más cordiales y reconfortantes desde hace muchos años, ha sido el 22 de febrero en el Pirineo oriental, frente al Mediterráneo.

Es cierto que una lenta pena latía en el fondo: nuestro más grande, nuestro más querido poeta quedó allí, serenamente fiel hasta su final. Pero nadie quiere remover ni avivar otro triste tiempo de nuestra patria. Nadie, y menos que nadie las nuevas vidas que desde entonces fueron pujando. Ninguno de ellos vuelve la cabeza hacia el hacha y el tajo. Todos miran, desean, exigen el retoñar de un tronco único. Abierto al libre aire de una justicia ineludible.

Silencioso, grávido de misteriosa luz, que el ciprés se seque y puje el olivo.

Antedía

Las cuatro y media de la madrugada.
(10 de enero   París   año 60)
Viento blanco, plagiada nieve lenta,
lenta, como si tú..., como si nada.

Suenan las cinco cinco veces, cada
vez más despacio. Gas azul tormenta.
Terca gotera. Luz amarillenta.
Esto es todo. Total: alba exilada.

Alba exilada. Día prisionero.
Duermes... Como si yo, como si España
errasen por tu sueño, libres. Suenan

las seis, las siete, las que sean. Pero
España se ha parado. Duerme... España,
llambria de luz, ¿qué sombras te encadenan?

De playa a playa

(Al frente de «España canta a Cuba».)

Cuando la revolución abre las puertas al pueblo (digamos cuando el pueblo pone en marcha una revolución), la palabra de los que trabajan sobre el papel (digamos poetas, grabadores, músicos, encadenados en la forja de una juventud incruenta) no tiene más que decir lo que ha visto en lejanas tierras, islas, montañas maestras.

Y sucedió que una de ellas, acaso la más bella y amarga, arrancó los carteles y los monopolios que cubrían sus campos con un sudario amarillo de mil millones de dólares. Exportó a sus explotadores y saludó a los americanos, vocablo liberado también del monopolio del Norte.

Aquí estamos para dar testimonio, para asegurar la puerta madre que ningún mal viento desquiciará, esa que hoy vemos aquí cegada pero que tiene ya su lazarillo popular y antillano.

En la inmensa mayoría
(1960)

He visto tanto
mundo,
     y cuánto
trabajo me han dado los poemas,
estuve en Georgia,
bajé por el Yang-Tsé Kiang desde Hujan hasta Shanghai,
caminé por el Báltico —blanco blanco
hasta la espada azul del horizonte—,
destrocé papeles, construí una obra
desde el andamio de la pluma,
para qué voy a contar
tristes historias, son historias
tristes, además
en veinticinco años tres guerras catastróficas,
pues bien, no me podrán quitar la fe
en la inmensa mayoría
de todo lo que vi, pisé, palpé
desde el Nevá nevado hasta Pekin.

Birmania
he visto
tus danzas quebradizas,
discordantes, asidas
al loco hilo
de los dedos,
                ángulos
cimbrándose,
espalda
hacia
su gran circunferencia,
oí
el
fiel titilar
de mínimas campanillas, y ya
en el borde
de la falda gangosa
los gongorinos
pies
desasomando, asomando,
y
la cambiante rodilla,
agobiada en brocados,
henchía, combaba
el aire donde el cuerpo
apoya
cristalmente su contorsión final.

Un 21 de mayo

El cielo es verde delicado, té
que tiembla tenuamente en tus pupilas.
Las hojas de los sauces rozan suavemente tu blusa movida por la brisa.

Sueltos, los remos cabecean. Ladeas
la frente hacia el alto Templo. Silba
un ruiseñor. Sonríes
íntimamente, entimismada, tímida.

El cielo es sutil como la seda
anaranjada de las sombrillas
que van y vienen por La-Wan-Fu-Sin
a mediodía.

El ballet

(Prokofiev.)

Romeo
baila con el pueblo.

Pandereta y espada
hacen fiesta en la plaza.

(Jazmín dorado,
frágil, Julieta ensueña tras el balcón...)

Mozas y mozos,
saltando, riendo, en corro.

La *Madonna* mira
arroyos de rosas y cintas.

Al fondo, la muerte
muda, de negro y verde.

Romeo
ríe, de verde y negro.

Canción quince

Ramo de oliva, vamos
a verdear el aire,
que todo sea ramos
de olivos en el aire.

Defendemos la tierra
roja que vigilamos.
Que todo sea ramos
de olivos en el aire.

Puestos en pie de paz,
unidos, laboramos.
Ramo de oliva, vamos
a verdear el aire.

A verdear el aire.
Que todo sea ramos
de olivos en el aire.

En la primera ascensión realizada por una mujer

Dichosos los que viven en la tierra
armada de confianza en el futuro.
Mañana es hoy. Oíd: estoy seguro
de que la paz derrotará a la guerra.

Abre la puerta, airea el mundo, cierra
el ayer fratricida, triste, oscuro.
¿Y tú, Terechkova, rompiendo el puro
aire, sonríes? Diles, desentierra

el porvenir. Mañana es hoy. Dichosos
esos tus ojos dulces, victoriosos,
pastora de la paz, llave celeste

pendiente de una fina cinta roja,
sonríes y rejuvenece el Este,
en tanto que Occidente se sonroja.

Una casa para toda la vida

hiciste construir sobre la realidad como
sobre una roca.

PABLO NERUDA

El mundo abre los brazos a la paz.
(Malditos los que intenten disparar
a la espalda indefensa de un cristal:
instantáneamente contestarán
desde todos los pisos. En mitad
de la calle, reventará el mar
y el cielo se desplomará
siete veces. Malditos una y otra vez
los que intenten tocar
el horroroso timbre del portal.)

Construimos la casa
piedra a piedra, palabra a palabra.

Torno...

Torno
los ojos a mi patria.
Meseta de Castilla
la Vieja, hermosa Málaga,
Córdoba doblando la
cintura, mi Vizcaya
de robles y nogales,
pinos y añosas hayas,
clara Cataluña, puro
León, lenta Granada,
Segovia de oro viejo,
Jaén ajazminada,
Moncayo azul, altivos
Gredos y Guadarrama,
blanca Vinaroz,
Extremadura grávida,
patria de pueblo y pan
partido injustamente.

Cuando venga Fidel se dice mucho

No me avergüenzo de haber sido niño
y de seguir siéndolo cuando me dejan sitio,
a qué mundo tan mal hecho me han traído
y debo saludar a los constructores del abismo,
a los conservadores del precipicio,
cómo está usted tan elegante, no ha visto
lo que viene detrás, un espantoso cataclismo
para los forros de su bolsillo, pero estos niños,
me riñe, pero estos niños que no le dejan a uno tran-
            quilo,
mire usted, señor, yo no he sido
el que se llevó la tierra que antes estaba aquí, aquí
            mismo,
bajo los pies pero en las manos de los campesinos,
yo entiendo poco de colonias, pero le digo
que ustedes apestan a colonialismo,
más o menos camuflado, porque eso es lo político
llevarse la piedra y dejar el hueco en su sitio,
ustedes sigan fumando y bebiendo, pero el tabaco es
            mío
que me lo cambió Fidel por unos versos muy bonitos:
el yanqui vive en América,
pero se le ha visto en todas partes
haciéndonos la puñeta.

Tenga, un vaso de whisky para usted, y para mí coca-
    cola,
¡hola, hola! no está mal,
pero será mejor que le ponga un poco de sal
para que se vaya acostumbrando
ya sé yo a qué y casi casi el cuándo.

Poeta colonial
(1964)

Dime si puedes
venir España a remover la tierra
que me rodea estoy triste
porque no ha llovido y a veces porque llueve
vamos España ponte tu traje de los miércoles
el colorado y danza junto al Nalón
vienes y vas a Cuba por el mar
y yo he venido y yo he venido por el aire hasta La
          Habana
y te entiendo cuando hablas
y cuando callas no te entiendo
qué hiciste España por aquí tú sola
total para volver como yo vuelvo
la cabeza
y te miro a lo lejos y de repente
me siento viejo
salgo corriendo a hablar con los becados con una mi-
          liciana
y no estoy solo   oigo las mismas palabras
que en Jaén Extremadura Orense
y siento ganas de llorar o de hacer la revolución
cuanto antes
incomprensible España pupitre sin maestra
hermosa calamidad
ponte tu traje colorado danza ataca canta

Año muerto, año nuevo

Otro año más. España en sombra. Espesa
sombra en los hombros. Luz de hipocresía
en la frente. Luz yerta. Sombra fría.
Tierra agrietada. Mar. Cielo que pesa.

Si esta es mi patria, mi vergüenza es esa
desde el Cantábrico hasta Andalucía.
Olas de rabia. Tierra de maría
santísima, miradla: hambrienta y presa.

Entré en mi casa; vi que amancillada
mi propia juventud yacía inerte;
amancillada, pero no vencida.

Inerte, nunca desesperanzada.
Otro año más camino de la muerte,
hasta que irrumpa España a nueva vida.

Otoño

Tierra
roída por la guerra,
triste España sin ventura,
te contemplo
una mañana de octubre,
el cielo
es de acero oxidado, el primer frío
guillotina las hojas amarillas,
patria
de mi vivir errante,
rojas colinas
de Ciudad Real,
fina niebla de Vigo,
puente
sobre el Ter, olivos alineados
junto al azul de Tarragona,
tierra
arada duramente,
todos te deben llorar,
nosotros
abrimos los brazos a la vida,
que otro otoño vendrá, dorado y grávido,
ávidamente halando hacia la luz.

Canción veinte

Ultima hoja del otoño,
pensamiento de España.

¿Tierra tan vieja que
no ha lugar a la esperanza?

Ultima hoja color
de cobre, oxidada.

Tierra de rabia, roja
semilla de la esperanza.

Mediodía del mundo.
Cielo azul de España.

ESPAÑA
es de piedra y agua
seca, caída en un barranco rojo,
agua de mina o monte
es de tela también, a trozos
pisada por la sangre y a retazos
también por desnudos pies
de campesinos sin tierra,
pero he aquí,
he visto el surco de sus rostros
quemados, detrás había un árbol
igual que su firmeza,
con su sabiduría de madera y tiempo
ya presente tañendo su hoja joven.

Los poemas

España/patria de

El mar

Heroica y sombría

España/es de piedra

están dedicados a

Ibarrola y sus compañeros
Aitana Alberti
Carlos Alvarez
José Ortega

Mapa

Nombres

Versiones del euzkera

Euskera, sal fuera! — Euskera, recorre el mundo!

Cuando esa juventud la haya ganado el sol habrá libertado a Euzkadi de bajo el poder del hielo. En el corazón y en los ojos. Página 23.

Transcripciones

Texto entre comillas: páginas 131/2, Waldo Frank; páginas 132, 133, 134 y 135, Heinrich Heine.

Texto marginado: páginas 133, 133/4 y 135, Quijote, II, 58; I, 18; II, 74.

Versos en cursiva: páginas 131, 132, 133, 134, Francisco de Quevedo; páginas 132 (y 134), Rubén Darío; páginas 133 y 134, César Vallejo.

Indice

Capítulo I. El Forzado

Capítulo II. La palabra

Capítulo III.   Cantares

Capítulo IV. Geografía e historia

Capítulo V. La verdad común

BIBLIOGRAFIA DE BLAS DE OTERO

ANGEL FIERAMENTE HUMANO, Insula, Madrid, 1950.

REDOBLE DE CONCIENCIA, Instituto de Estudios Hispánicos, Barcelona, 1951.

ANCIA, A. P. Editor, Barcelona, 1958.

PIDO LA PAZ Y LA PALABRA, Cantalapiedra, Torrelavega, 1955.

EN CASTELLANO, Ediciones de la Universidad de México, 1960.

ESTO NO ES UN LIBRO, Universidad de Puerto Rico, Río Piedras, 1963.

QUE TRATA DE ESPAÑA, Ruedo Ibérico, París, 1964.

POESIA E HISTORIA [1960-1965] (inédito).

EXPRESION Y REUNION (1941-1969), Alfaguara, Madrid, 1969.

MIENTRAS, Colección Fuendetodos, Zaragoza, 1970.

HISTORIAS FINGIDAS Y VERDADERAS, Alfaguara, Madrid, 1970.

POESIA CON NOMBRES, Alianza Editorial, 1976.

TODOS MIS SONETOS, Turner, 1977.

VIEJO CAMARADA (inédito).

HOJAS DE MADRID, con LA GALERNA [1969-1975] (inédito).

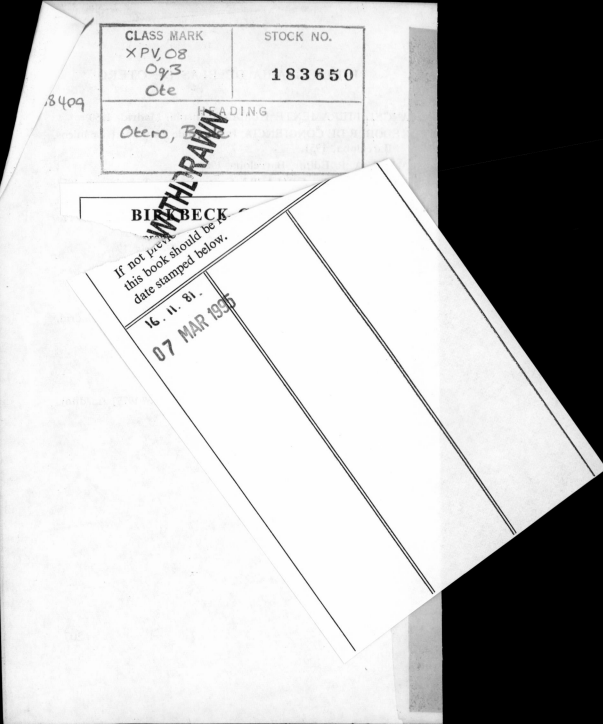